2. Auflage 2022
© Verlag Herder GmbH, Freiburg im Breisgau 2014
Alle Rechte vorbehalten
www.herder.de

Umschlagillustration: Frauke Weldin
Umschlaggestaltung: Daniela Schulz
Layout und Satz: Daniela Schulz
Druck: Graspo, Zlín
Gedruckt auf umweltfreundlichem,
chlorfrei gebleichtem Papier
Printed in the Czech Republic

ISBN 978-3-451-71243-2

Die schönsten Kindergebete

Mit Illustrationen von
Frauke Weldin

HERDER

FREIBURG · BASEL · WIEN

Morgengebete

Wie fröhlich bin ich aufgewacht,
wie hab ich geschlafen so sanft die Nacht.
Hab Dank, du lieber Vater mein,
dass du hast wollen bei mir sein.
Behüte mich auch diesen Tag,
dass mir kein Leid geschehen mag.

Lieber Gott, in dunkler Nacht
hat dein Engel mich bewacht.
Drum dank ich dir mit Herz und Mund,
mein Gott, in dieser Morgenstund.

In Gottes Namen steh ich auf,
Herr Jesus, leite meinen Lauf,
begleite mich mit deinem Segen,
behüte mich auf allen Wegen.

Wo ich gehe, wo ich stehe,
bist du, lieber Gott, bei mir.
Wenn ich dich auch niemals sehe,
weiß ich immer, du bist hier.

Tischgebete

Komm, Herr Jesus,
sei unser Gast
und segne,
was du uns bescheret hast.

Lieber Gott, lass mich beim Essen
deine Güte nicht vergessen.
Teil uns deine Liebe aus,
füll mit Frieden jedes Haus.

Jedes Tierlein hat sein Essen,
jedes Blümlein trinkt von dir.
Hast auch uns heut nicht vergessen,
lieber Gott, ich danke dir.

Alle guten Gaben,
alles, was wir haben,
kommt, o Gott, von dir.
Wir danken dir dafür!

Jesus, segne diese Speise,
uns zur Kraft und dir zum Preise.

Dankgebete

Kein Tierlein ist auf Erden dir,
lieber Gott, zu klein.
Du ließest alle werden, und alle sind sie dein.
Zu dir, zu dir, ruft Mensch und Tier:
Der Vogel dir singt,
das Fischlein dir springt,
die Biene dir summt,
der Käfer dir brummt,
auch pfeift dir das Mäuslein klein:
Herr Gott, du sollst gelobet sein!

Clemens Brentano

14

Wer hat die Sonne denn gemacht,
den Mond und all die Sterne?
Wer hat den Baum hervorgebracht,
die Blumen nah und ferne?

Wer schuf die Tiere, groß und klein,
wer gab auch mir das Leben?
Das tat der liebe Gott allein,
drum will ich Dank ihm geben.

Gott ist, wo das Blümlein blüht,
Gott ist, wo die Sonne glüht.
Gott ist, wo das Vöglein singt,
Gott ist, wo das Tierlein springt.
Gott ist, wo das Englein wacht,
Gott ist bei uns Tag und Nacht.

Jeden Schritt und jeden Tritt
gehst du, lieber Heiland, mit.
Gehe mit mir ein und aus,
führe sicher mich nach Haus.

Was nah ist und was ferne,
von Gott kommt alles her,
der Strohhalm und die Sterne,
das Sandkorn und das Meer.

Von ihm sind Büsch und Blätter
und Korn und Obst von ihm,
das schöne Frühlingswetter
und Schnee und Ungestüm.

Matthias Claudius

Den bunten Regenbogen
hat Gott uns einst geschenkt,
als Zeichen seiner Liebe
und weil er an uns denkt.

Ich bin klein,
mein Herz ist rein,
soll niemand drin wohnen
als Jesus allein.

Was ich habe, kommt von dir,
was ich brauche, gibst du mir.
Was ich sehe, ruft mir zu:
Gott, wie groß, wie gut bist du!

Gute-Nacht-Gebete

Müde bin ich, geh zur Ruh,
schließe meine Äuglein zu.
Vater, lass die Augen dein,
über meinem Bette sein.

Hab ich Unrecht heut getan,
bitte sieh es, lieber Gott, nicht an!
Deine Gnad und Jesu Blut,
machen allen Schaden gut.

Alle, die mir sind verwandt,
Gott, lass ruh'n in deiner Hand.
Alle Menschen, groß und klein,
sollen dir befohlen sein.

Kranken Herzen sende Ruh,
nasse Augen schließe zu,
lass den Mond am Himmel steh'n
und die stille Welt beseh'n.

Louise Hensel

Was schön war heute, kam von dir,
was unrecht war, vergib es mir.
Lass mich bei dir geborgen sein,
in deinem Frieden schlaf ich ein.

Abends, wenn ich schlafen geh,
vierzehn Engel bei mir steh'n:
zwei zu meiner Rechten,
zwei zu meiner Linken,
zwei zu meinen Häupten,
zwei zu meinen Füßen,
zwei, die mich decken,
zwei, die mich wecken,
zwei, die mich weisen
ins himmlische Paradies.

Adelheid Wette

Heute gab es Zank und Streit,
lieber Gott, es tut mir leid.
Gib uns zum Vertragen Mut,
dann wird alles wieder gut.

Vaterunser

Vater unser im Himmel!
Geheiligt werde dein Name.
Dein Reich komme.
Dein Wille geschehe, wie im Himmel,
so auf Erden.
Unser tägliches Brot gib uns heute.
Und vergib uns unsere Schuld,
wie auch wir vergeben unseren Schuldigern.
Und führe uns nicht in Versuchung,
sondern erlöse uns von dem Bösen.
Denn dein ist das Reich und die Kraft
und die Herrlichkeit in Ewigkeit.
Amen

© Marc-Oliver Schulz

Die Illustratorin Frauke Weldin, geboren 1969, lebt in Hamburg. Neben ihren wunderschönen Bilderbüchern mit ihren hinreißenden Tieren illustriert sie auch sehr gerne religiöse Bücher. So ist zum Beispiel von ihr bereits eine Kinderbibel in Zusammenarbeit mit Annette Langen erschienen.